1 MONTH OF
FREE
READING

at

www.ForgottenBooks.com

By purchasing this book you are eligible for one month membership to ForgottenBooks.com, giving you unlimited access to our entire collection of over 700,000 titles via our web site and mobile apps.

To claim your free month visit:

www.forgottenbooks.com/free1305466

ISBN 978-0-428-73136-6
PIBN 11305466

B. BARÈRE

A

DUBOIS-CRANCÉ

Réponse à l'accusation personnelle, remise le 14 nivôse à la Commission des vingt-un.

———————

Les rôles sont changés en peu de tems. Je me croyois *persécuté* ; Dubois-Crancé m'érige en *persécuteur*.

Je me croyois le neuvième membre de l'ancien Comité de Salut-public. Dubois-Crancé ne voit plus que moi dans ce Comité.

Je ne me suis jamais mêlé de la partie militaire, je ne suis pas un grand général comme Dubois-Crancé ; et voilà cependant qu'il m'impute toutes les mesures militaires prises à l'occasion de la rébellion des Lyonnais.

Je n'avois jamais eu de l'emploi dans les bureaux du ministère de la guerre ; et tout-à-coup c'est moi qui ai retardé l'envoi des munitions et des attirails de siége que le ministre Bouchotte étoit chargé de faire passer dans les environs de Lyon.

Je ne me suis jamais occupé, quant à l'affaire de Lyon, que de lire à la tribune les lettres écrites par Dubois-Crancé, représentant du Peuple près cette armée et par les généraux ; d'un trait de plume Dubois Crancé me charge de tous les événemens militaires et de tous les procédés des représentans.

Peu s'en faut qu'il ne me déclare responsable de la contre-révolution royaliste préparée dans cette commune par les Precy et ses complices : car enfin il dit bien qu'étant membre du Comité de Salut-public j'ai le fil de cette affaire.

Ne voudroit-il pas que j'eusse le fil qui a conduit les auteurs coupables de la rébellion commencée le 29 mai 1793 à Lyon ?

Ne voudroit-il pas aussi que j'eusse le fil qui a conduit les assassins de Châlier, les persécuteurs des patriotes, les scélérats à cocarde blanche et la révolte organisée par Précy ?

Ne voudroit-il pas aussi que j'eusse tenu le fil qui a conduit Précy et sa troupe, lors de leur évacuation de Lyon, prévue quelques jours avant qu'elle ne s'effectuât ?

Tu m'accuses 1°. d'avoir été l'*instigateur* des persécutions que tu as éprouvées pendant quinze mois et qui, à travers mille calomnies, te conduisoient à l'échafaud sans le 9 thermidor.

Tu m'accuses 2°. de ne t'avoir persécuté qu'en haine des mesures que tu as prises pour sauver le Midi, et la Bretagne, d'une guerre civile, qui eût entraîné la perte de la France entière.

Après avoir réfuté ces fausses accusations, je pourrois à mon tour, si j'étois méchant ou vindicatif, si je ressemblois à mes ennemis, t'accuser pour les mesures que tu as prises dans le Midi, et pour les propos que tu as tenus en Bretagne. Mais il n'entre point dans mes projets ni dans mon caractère, d'être accusateur ; je ne veux que me défendre, et repousser avec les armes de la raison et de la vérité les attaques de la haine et de la calomnie.

Je serai court et serré dans cet écrit, parce que j'ai rassemblé dans un autre écrit les pièces qui t'accablent relativement à l'affaire de Lyon ; je vais réfuter rapidement tes deux chefs d'accusation dans cette feuille.

Sur le Ier. Chef.

Tu arrives à Lyon le 10 mai 1793.

Tu étois envoyé à l'armée des Alpes.

Tu présides le 14, l'assemblée des autorités constituées. Tu te plains de l'agiotage des assignats à face royale et de l'acaparement des marchandises à vil prix.

Pour appaiser Lyon, tu rédiges toi-même un arrêté (1) qui exige une levée de six mille hommes comme armée révolutionnaire ; qui impose une contribution de six millions payable dans 24 heures ; qui ordonne le désarmement de tous les citoyens suspects, et l'expulsion de tous les étrangers.

Tu envoyes cet arrêté au premier Comité de Salut-public qui ne l'approuve point, qui en craint les effets, et qui te répond, d'après les principes, que le Corps législatif peut, seul, établir des contributions et lever des troupes.

Tu appelles cela une persécution. En suis-je l'*instigateur*? N'est-ce pas le Comité tout entier qui t'a répondu conformément aux principes et à ses vues de conciliation et de tranquillité publique?

Tu adresses ensuite à la Convention ton arrêté que tu appelles *révolutionnaire*, et qui, dis-tu, auroit tout arrêté à Lyon, mais *qui ne fut pas adopté par la Convention* QUI N'ÉTOIT PAS ALORS RÉVOLU-

(1) Proclamation faite par Dubois-Crancé aux Lyonnais et lue à la Convention le 28 août. (*Mon.* No. 26.)

TIONNAIRE (1) , *et cet arrêté ne servit que de pré-*
texte à la contre-révolution du 29 mai.

Tu vois bien que la rébellion de Lyon n'a pour
principe, ni pour cause, les événemens du 31 mai,
arrivés, à cent lieues de toi, deux jours après l'ex-
plosion de ton arrêté révolutionnaire de Lyon.

Suis-je donc aussi, *l'instigateur* du silence de la
Convention, sur cet arrêté, ou du refus qu'elle
fit de le confirmer ?

Lyon s'étant soulevé le 29 mai, reçut de nouveaux moyens par les secousses du 31 mai, et le
résultat qu'on lui donna dans les Départemens.

Que fis-tu ? Tu demandas, le 2 juin, 12 bataillons
et un général à l'armée des Alpes, pour marcher sur
Lyon; si cette marche précoce t'étoit un jour re-
prochée, je n'en serois ni l'instigateur, ni l'auteur :
car, tu me forces aujourd'hui à te rappeller ces
faits, parce que tu m'accuses personnellement devant la Commission des 21.

Tu dis (page 4) qu'à cette époque du déchire-
ment de la République, menacée par les Piémontais
dans le Mont-blanc, le Comité ne prit aucune mesure
dans cette grande crise; tu oublies donc, que le Comité
t'écrivit expressément de ne pas dégarnir les Alpes,
de ne pas affaiblir l'armée qui défendoit le Mont-
blanc, et qui devoit repousser les Piémontais. Tu
oublies que tu ne tins aucun compte de cette correspondance, et que tu fis venir à Grenoble, 12
bataillons de l'armée des Alpes, deux escadrons et de
l'artillerie pour organiser ton armée contre Lyon.

Tu accuses le Comité de Salut-public, d'avoir fait
partir des bataillons pour la Vendée ou les Pyrénées;
tu oublies donc, qu'alors la Vendée étoit en plein
succès, menaçoit tous les Départemens de la Loire,

(1) Rapport de Dubois-Crancé à la société des Jacobins,
séance du 28 vendémiaire an 2e. (*Mon.* No. 33.)

et que les Espagnols cernant Bellegarde, menaçoient encore plus vivement les Pyrénées Orientales ; tu oublies aussi que le Comité n'avoit cessé de t'écrire pour te demander des nouveaux bataillons, pour l'armée des Pyrénées presque nulle.

Tu parles de l'inactivité des cent mille hommes de l'armée du Rhin, et du non remplacement des officiers généraux, et des commissaires des guerres à l'armée des Alpes. Tu oublies donc que l'armée du Rhin étoit chargée d'empêcher la honteuse reddition de Mayence et de donner un suplément de forces, à l'armée du Nord et de la Mozelle, affaiblie pour secourir l'armée désorganisée de la Vendée.

Tu oublies enfin que tous ces détails militaires, ne me concernoient point, mais bien Delmas et Lacroix, seuls chargés de la partie militaire au 1r. Comité de Salut-public.

Tu dis, (page 5) que le Comité ne s'est décidé à demander un décret le 12 juillet contre Lyon, qu'après avoir donné aux Lyonnais le tems de se fortifier, et d'arrêter tous nos approvisionnemens de guerre, et de s'organiser en corps d'armée.

Tu oublies donc que tu as tenu un langage bien différent, lorsque le 28 vendémiaire, tu as rendu compte à la société populaire des jacobins des faits de ta mission de représentant du Peuple ; ce n'est pas le Comité de Salut-public que tu attaquois alors, je vais te copier pour toute réponse.

« J'envoyai un courrier extraordinaire à la Convention, en lui promettant d'attaquer Lyon dans les vingt-quatre heures de l'ordre reçu : je n'obtins rien ; l'assemblée enveloppée dans les brouillards du 31 mai garda le silence, et *j'ose dire que, POUR CETTE SECONDE FOIS, J'ÉTOIS ENCORE SEUL, A LA HAUTEUR DES CIRCONS-TANCES.* »

Après ce modeste récit, tu dis (page 6) que tu n'es

allé devant Lyon, que le 8 août, avec six mille
hommes de troupes, huit mille hommes de re-
quisition et 12 canons, tandis que tu avois en tête,
quarante mille hommes bien armés, et 300 pièces de
canons en batterie.

Tu oublies donc, que dans ton compte rendu
du 28 vendémiaire ; tu n'accuse pas le Comité, des
grandes forces qu'on a laissé prendre aux Lyonnais ;
mais que tu disois au contraire, » *Lyon que les*
LENTEURS DE LA CONVENTION *avoient mis à portée
de se procurer tous les moyens de défense, ren-
fermoit quarante mille hommes armés.*

Tu oublies donc que je n'étois pas seul tout le Comité de Salut-public ; que Delmas et Lacroix étoient
chargés des objets militaires ; qu'ils ne cessèrent de
s'occuper de tes demandes pour Lyon, et surtout
des sollicitudes que nous donnoient l'attaque des
Piémontais par le Mont-blanc, l'affaiblissement de
l'armée des Alpes par tes ordres, et les besoins ex-
trêmes de l'armée des Pyrénées Orientales.

Tu oublies que toute la partie exécutive des mesures militaires délibérées au Comité, étoit dans les
mains d'un ministre que nous ne cessions d'activer.
Comment donc ne vois-tu jamais que moi, quand
il s'agit du Comité tout entier ; que moi, quand il
s'agit de la division des Départemens ; que moi,
qnand il s'agit des mesures militaires ; que moi,
quand il s'agit des opérations du ministre de la
guerre?

Tu dis (*page* 6) qu'il est évident pour toi qu'on ne
vouloit pas que Lyon fût pris, et que l'ordre de
marcher sur Lyon, à l'époque où il fut donné et
avec de si faibles moyens, n'étoit qu'une diversion
telle que pouvoit la desirer les Piémontais.

Mais si ces moyens étoient aussi faibles que tu le dis,
surtout après le décret du 12 juillet, comment osois-tu
écrire à la Convention en lui envoyant *un courrier
extraordinaire que tu allois attaquer Lyon dans*

les 24 heures de l'ordre reçu; ou tu étois assez fort pour vaincre, et dans ce cas tu calomnies le Comité ; ou tu avois des moyens trop faibles comme tu le dis, et alors tu trompois la Convention.

Ici on ne sait qui tu accuses de vouloir ménager Lyon, en disant qu'on ne vouloit pas que Lyon fût pris? est-ce moi, est-ce le Comité, est-ce la Convention ?

Est-ce moi ? Lis mes rapports sur Lyon, et tu verras si toujours je n'ai pas secondé tes projets si hardis de prendre Lyon, que tu ne prenois jamais.

Est-ce le Comité ? Vois les arrêtés et la correspondance qui a pressé, activé et délibéré à plusieurs reprises, l'envoi des forces et des moyens qui devoient précipiter les troupes républicaines victorieuses dans Lyon. (No. 330, 336, pièces justifficatives de Dubois Crancé)

Est-ce la Convention? Vois ses décrêts ; ils t'ont fourni tous les moyens, tous les pouvoirs, toutes les autorisations nécessaires pour la réquisition des gardes nationales, pour l'attaque des rébelles, pour l'augmentation des forces, pour l'adjonction d'autres représentans du Peuple, et pour la levée en masse des Départemens voisins.

Tu oses dire que l'ordre de marcher sur Lyon, n'étoit qu'une diversion telle que pouvoient la désirer les Piémontais. (*page* 6.)

Mais ne crains-tu pas qu'on retorque contre toi cette objection et ce doute? Ne crains-tu pas qu'on te dise qu'en distrayant 12 bataillons et des canonniers de l'armée des Alpes, le succès des Piémontais étoit plus facile, et le Mont-blanc plus à découvert? Ne crains-tu pas qu'on te dise que la révolte exécutée dans Lyon, étoit un moyen préparé en faveur des Piémontais, puisque le Comité fit annoncer depuis par Hérault à la Convention, le 15 vendémiaire an 2, (1) qu'on avoit découvert le plan d'incursion des Piémon-

_____

(1) Mon. No 17, an 2e.

tais, pour rejoindre par le Département de la Drôme
les Marseillais et les Lyonnais rébelles ; que ce plan
étoit consigné dans les lettres du roi de Turin, du
ci-devant marquis de La-Salle et d'un nommé Dela-
roche.

Tu dis que l'envoi de Couthon, sous le prétexte
de terminer cette guerre, étoit le comble de la
perfidie. (*page* 6)

Mais de la perfidie de qui ? puisque c'est la Convention nationale , qui par son décret du 21 août,
adjoignit non pas Couthon seul , mais avec Châteauneuf-Randon et Maignet.

Et à quelle époque cette perfidie ? Un an avant le 9
thermidor, dans un tems où Couthon parut servir bien
la République , en faisant marcher contre Lyon une
grande masse de volontaires , une partie de ses
concitoyens , et des Départemens limitrophes de
Lyon.

Tu dis (pages 6 et 7) que malgré tant d'entraves les
Marseillais furent battus , les Piémontais repoussés, et
Lyon pris, et qu'en récompense, les généraux Cartaux et Kellerman arrêtés, et toi dénoncé., vous
étiez destinés à figurer sur la place de la révolution
le même jour.

Tu n'avois pas besoin de rappeller tous ces faits
pour inspirer de l'intérêt pour toi , mais tu en avois
besoin pour calomnier le Comité, car sur ce point
tu m'as oublié cette fois personnellement ; ces faits
sont des actes collectifs , des actes de gouvernement.

Tu oublies aussi qu'Albitte , et non pas toi ,
étoit à la tête des troupes lorsque la petite et brave
armée de Cartaux repoussoit les Marseillais.

Tu oublies que Cartaux n'avoit été arrêté que dans
l'hyver suivant parce qu'il avoit écrit, lors qu'il étoit
aux Alpes, qu'il croyoit devoir prendre des mesures
militaires contre *Genève*, dont il nous importoit de
ménager la neutralité, l'alliance et les droits.

Tu oublies que Kellerman n'avoit été arrêté que

(9)

sur les dénonciations, faites à la Convention dans les séances du 27 août à l'occasion des lenteurs du siege, dénonciations qui avoient pris leur source dans des lettres même de toi Dubois Crancé (1).

Tu oublies donc que, lorsqu'il s'est agi de Cartaux, de Kellerman ou de toi, dans les féroces projets de Robespierre, tantôt le silence du Comité, et tantôt l'opposition prononcée de plusieurs de ses membres, ont empêché l'effet des projets atroces que tu prêtes à ce Comité.

Tu me demandes (*page* 7) ce qu'auroit fait Pitt, s'il eût été à ma place; je vais te le dire : il l'auroit excité à troubler Lyon, à le brûler ensuite, à détruire son commerce, à laisser les Alpes et les Pyrénées sans de grands moyens de défense, et à attaquer, à calomnier les représentans fidèles du Peuple français.

Tu observes qu'alors le Comité de Salut-public n'avoit pas obtenu les droits qu'il s'est attribué depuis à force d'assassinats.

Tu aurois du laisser ce style effroyable à l'orateur du peuple Fréron; le Comité de Salut-public a exercé les pouvoirs qui lui ont été donnés; il les a exercé au milieu des calamités publiques; et, malgré les dangers évidens que leur exercice entraînoit, il n'a pas craint un instant de s'exposer pour concourir avec la Convention à sauver la République.

Mais de quel droit usurpé veux-tu parler ?

Est-ce du droit d'arrêter provisoirement? Il lui a été donné par la Convention sur la motion de Chabot.

Est-ce du droit de nommer les membres des Comités? Il lui a été donné par la Convention sur la motion de Danton.

Est-ce du droit de rappeller les Représentans en mission? Il lui a été donné par plusieurs décrets de la Convention nationale.

____

(1) Lettre écrite au Comité le 15 août avec envoi d'une lettre de Lyon interceptée. (*Mon.* N°. 242)

B

Est-ce du droit de te rappeller que tu parles? Mais ce droit n'a pas été usurpé par le Comité. Lis la séance du 21 vendémiaire (12 octobre 1793), tu verras que Bourdon, Fabre-d'Eglantine et Albitte ont demandé que ceux qui ont dirigé le siège de Lyon, vinssent rendre compte de leurs opérations ; tu verras qu'Osselin s'est plaint de ce que tu n'avois pas encore obéi au décrèt de rappel du 6 8bre; tu verras enfin que d'après ces motions, la Convention autorisa le Comité à prendre toutes les mesures que sa sagesse lui dictera.

Le Comité étoit donc autorisé par le décrèt du 12 octobre à prendre l'arrêté qui a ordonné ton arrestation ; et le motif de son arrêté a été pris d'abord dans les motions faites à l'assemblée, dans les sollicitudes de la Convention, dans les contradictions multipliées des lettres des représentans et des officiers généraux, et ensuite dans les faits écrits dans la lettre des quatre Représentans, datée du 11 octobre. — Il n'y a donc eu ni usurpation de pouvoir, ni moyens arbitraires de la part du Comité.

Tu dis *(page 8)* que le 2 octobre j'écrivis seul à Couthon, que tu allois être rappelé, et tu le présumes parce que chaque membre du Comité a une besogne particulière et que j'avois signé le premier.

Eh bien, je n'ai pas besoin de cette réponse ; on sait que je ne fus jamais chargé de la correspondance ; je signois les diverses lettres du Comité, tantôt le premier, tantôt le dernier ; je ne suis pas de ceux qui dénient leurs travaux ou qui désavouent leurs opérations lors qu'il sont dans les tems de persécution et de malheur.

J'ai dû signer cette lettre écrite à Couthon par le Comité, puisque j'en étois membre ; mais pourquoi m'attaques-tu, moi seul et personnellement, pour cette signature qui est accompagnée de tant d'autres, qui est un acte de Comité et de gouvernement ? pourquoi veux tu que moi seul j'eusse des inquiétudes sur Lyon ; et des relations avec Couthon , moi qui ne lui ai écrit de ma vie une seule fois ?

Mais ce qui est décisif , c'est que je lus à la Convention, le 17 vendémiaire, la lettre des Représentans au Comité , elle portoit : « vos lettres des 1er *et 2 de ce mois nous parvinrent, ce fut pour nous un renfort bien salutaire ; à peine furent-elles lues , que la resolution fut prise de forcer dès aujourd'hui même sur p'usieurs points à la fois et la ville et Fourvière.»* Ce n'étoit donc pas une lettre particulière , ni une lettre contre Dubois-Crancé que le Comité écrivoit à Couthon le 2 octobre , mais bien une lettre d'intérêt national, et qui, étant très-énergique , détermina la prompte attaque de vive force sur Lyon , attaque qui deux jours après , triompha de cette ville.

Tu dis (*page 8*) que le 6 octobre je monte à la tribune avec une lettre de toi, et que je manifeste l'indignation factice du Comité.

Le Comité n'eut jamais des sentimens factices, et si je les avois apperçu je n'eusse jamais consenti à en être l'organe. Il n'avoit eu que trop de dangers réels et des plaintes fondées à exposer dans le cours de ses travaux , pour prendre une attitude fausse ou factice.

Tu dis que je t'ai encore persécuté à cette époque en demandant ton rappel ; mais comme rapporteur je n'étois chargé que de lire ta correspondance avec des observations que la sagesse du Comité avoit dictées.

C'étoit ensuite à la Convention à prendre le parti qu'elle croyoit le plus convenable ; c'étoit à ses divers membres à émettre leur opinion sur les lettres , je n'étois chargé de rien proposer, et je ne proposai rien. Billaud présent à la séance, et qui avoit vu l'incohérence des relations de Lyon et des diverses lettres, donna son avis sur le tout, ainsi que sur ton traitement de général, quand tu avois l'honneur d'être

Représentant du Peuple ; il demanda ton rappel que la Convention décréta.

Où est mon crime dans cette séance ? Où est la trace de mes persécutions contre toi ? Est ce dans mon silence, est ce dans ma présence à ce décret qui te rappelle ? J'étois à mon poste, et je n'ai fait que mon devoir.

Tu te plains de ce qu'un courrier a apporté à Lyon le décret de ton rappel, le 9 octobre à 10 heures du soir. Mais le Comité ne devoit-il pas faire exécuter le décret de la Convention nationale ? et depuis quand appelle-t-on persécution l'exécution d'un décret ? Ce n'est pas là d'ailleurs un fait qui me soit personnel ; c'est encore un acte collectif, un acte du Comité tout entier.

Cette lettre de ton rappel, écrite à Couthon, fut inspirée par l'état des choses et la situation des *esprits* à cette époque.

Comment ne veux-tu pas que le Comité partageât les sollicitudes de la Convention et ne prit pas son esprit d'impatience contre les lenteurs du siège ?

Toi-même, tu avois annoncé au Comité par ta lettre de Grenoble du 22 juillet, « les scélérats qui gouvernent Lyon, voyent avec effroi approcher l'instant de leur confusion ; *il ne sera pas long.* »

Toi même, tu disois au Comité dans cette lettre, *» ne voyez que le salut de la République, nous irons de l'avant.* »

Toi même, tu nous envoyois l'arrêté et la proclamation que tu faisois le 25 juillet, pour réquerir 13,200 gardes nationales des Départemens pour les joindre aux bataillons et à l'artillerie pris dans l'armée des Alpes.

Toi même, tu nous écrivois le 26 juillet, *» nous partons demain pour Bourg, où s'assemblent les troupes destinées à agir sur Lyon, et nous espérons* CÉLÉBRER LE 10 AOUT DANS LYON. »

Toi même, tu nous as écrit que le 8, le 9 et le

10, les troupes républicaines se sont battues devant Lyon.

Toi-même, tu nous écrivois que le 19 août Lyon seroit au pouvoir de la République.

Toi même, tu nous envoyois le bulletin du 20 août qui portoit ces mots : « VENDREDI DOIT SE DONNER LE COUP DÉCISIF; c'est dans ce jour que cette ville rébelle doit être soumise à la Loi. »

Toi-même, tu écrivois à la Convention le 28 août, » dès que la garnison de Valenciennes sera arrivée, nous nous déciderons à une attaque de vive force, dont nous croyons pouvoir garantir le succès. » (Mon. N°. 246.) — La garnison de Valenciennes arriva sous les murs de Lyon le 6 septembre, et cependant Lyon n'étoit pas réduit encore au commencement d'octobre.

Tu dis (page 9) que le 12 octobre, le Comité donna ordre de te faire arrêter à Lyon.

Oui, le comité prit cet arrêté, mais il ne le fit qu'en vertu du décret du même jour 12 octobre, (21 vendemiaire) qui sur la plainte de plusieurs membres de la Convention lors de la lecture de la lettre du général Doppet, renvoya au comité de salut public pour prendre toutes les mesures qu'il croiroit nécessaires.

Est-ce un crime d'avoir pensé au Comité que, d'après les motions véhémentes et soupçonneuses faites à la Convention le 12 octobre (21 vendémiaire) par Bourdon, Fabre et Albitte, pour que ceux qui avoient dirigé le siège vinssent rendre compte à la Convention, nous devions prendre la mesure la plus active pour que vous vinssiez calmer les sollicitudes et les soupçons répandus dans la Convention sur la fuite impunie de la troupe de Précy ?

Est-ce un crime d'avoir, en vertu du décret du 12, qui renvoyoit ces motions au Comité avec autorisation de prendre les mesures nécessaires, délibéré au Comité, le 12 au soir, que vous qui étiez déjà rappellés par décrèt du 6, vous seriez arrétés, si ce premier décrèt n'étoit pas exécuté au gré de la Convention ?

Est ce un crime d'avoir pensé au comité, d'après l'autorisation de la Convention, que lorsque trois collègues t'accusoient ensuite d'intriguer à Lyon pour ne pas exécuter le décrèt du rappel du 6 8bre, tu ne devais pas étre arrété? Mais quand méme tu aurois la puissance d'en faire un crime au comité, qui n'a agi que d'après les décréts exprés, tu n'aurais pas celle de ne le faire qu'à moi personnellement.

Mais d'ailleurs tu n'es pas à ignorer le motif de cet arrété, puisqu'il fût le motif de l'indignation de l'Assemblée et la cause prompte de la confirmation de l'arrête du comité portant ordre de t'arréter.

Voici le *postscriptum* de la lettre, non pas de Couthon seul, mais de quatre Représentans dignes de foi: ils écrivoient ces mots au comité: « Nous apprenons que dans ce moment Dubois-Crancé et Gauthier intriguent dans toute la ville pour que les citoyens reclament contre le décret qui les rappelle ; des émissaires courent toutes les rues pour faire leur apothéose et faire prolonger leur séjour dans cette cité »......

Dès la lettre reçue, le comité vit qu'il avoit suivi l'intérêt public en faisant arréter les Représentans qui loin d'obéir à un décret de la Convention, intriguoient pour le faire anéantir, et il résolut de porter à la Convention l'arrété qui avoit été envoyé aux représentans à Lyon, où ils étoient entrés le 9. L'exécution de cet arrété, qui a été trouvé dans la maison de Couthon par les administrateurs du Puy-de-Dome et envoyé par eux à la Convention, devint heureusement inutile par le départ de Dubois-Crancé, antérieurement à l'arrivée de cet arrété.

Le comité crut devoir en rendre compte à la Convention en lui lisant les lettres contradictoires reçues de Lyon.

Tu dis qu'à cette époque je t'ai encore persécuté ; ouvre encore le Moniteur (séance du 28
Vendémiaire) et tu verras qu'après avoir lu à la
Convention plusieurs lettres des Représentans près
les diverses armées, je terminai cette lecture par
la lettre écrite de Lyon le 11 Octobre, par les
quatre représentans, Maignet, Couthon, Chateau-
neuf-Randon et Laporte, lettre dans laquelle ils
disoient que Dubois-Crancé et Gauthier intrigoient
à Lyon, pour que les citoyens reclamassent contre
le décret qui les rapelle, et que des émissaires cou-
roient les rues pour faire leur apothéose et faire
prolonger leur séjour à Lyon.....

Aussitôt plusieurs voix demandent le décret d'arrestation contre Dubois-Crancé et Gauthier. (Mon.
N°. 25, an 2°.)

Je réponds que le comité de Salut public ayant
reçu cette lettre, a envoyé l'ordre de mettre en
arrestation ces deux commissaires. —On applaudit,
et la Convention confirme l'arrestation délibérée par
le comité de salut public. »

Où est-là mon crime ? où sont mes délits person-
nels ; où est ta persécution par moi ?

Où est donc le faux matériel ? Ne vas-tu pas faire
une procédure judiciaire au comité ? et qu'ai-je de
commun avec tes soupçons et les devoirs que j'ai
rempli au nom du comité, envers la Convention et
la République ?

Tu dis que tu aurois été chargé de chaînes et que
tu aurois été sacrifié à ma vengeance si tu n'étois
arrivé le 18 à Paris sans soupçonner ce qui avoit
été tramé contre toi ? (page 10)

Tu oublies donc que dans l'affaire de Lyon tout a été
public, que tes lettres ont été lues à la Convention ;
que tes bulletins des camps sous Lyon ont, à plusieurs époques, impatienté, inquiété, lassé la Convention, soit par leur insignifiance, soit par les lenteurs du
siège, et que le Comité n'a agi pour ce qui concerne

Lyon, que pour déjouer les trames qui pouvoient se préparer à Lyon, accélérer la reprise de cette ville et sauver le Midi qu'on vouloit déchirer et diviser, au lieu de l'éclairer et de le ramener promptement au sein de la République.

Tu ne veux pas te rappeller qu'arrivé à Paris tu n'as reçu qu'un bon accueil, que l'état d'arrestation porté par le décret du 12, ne t'a pas même été imposé, et que bientôt après je suis allé faire, le 28 vendémiaire, sur toi un rapport favorable et qui a fait rapporter le décret du 12 octobre.

Tu dis qu'arrivé au comité le 18 octobre il te fallu prouver que porter à l'armée l'habit militaire, n'étoit pas une trahison. (*page* 11.)

Tu n'as jamais été obligé d'y faire de pareilles preuves, dumoins moi présent. Mais si mes collègues t'ont témoigné de l'étonnement de ce que tu n'avois pas préféré le costume de représentant du Peuple à celui de général, tu ne devrais pas oublier ce que tu as répondu sur cet article à la société populaire lorsque Couthon t'a interpellé sur ce fait. Je vais donc te le rappeler : » *Quand à l'attaque d'une redoute ou de tout autre ouvrage de fortification où j'assistois en personne, je donnois mon avis sur l'ouvrage, il eût été ridicule que dans une armée où l'on savait que j'avois long-tems servi, je ne portasse pas l'habit qui pouvo t rassurer les soldats et donner quelque confiance à ce que je disois sur les ouvrages militaires.* »

Est-ce que tes autres collègues près les armées n'ont pas obtenu la confiance des soldats avec le costume de Représentant ? Réponds.

Tu dis (page 12): *Barère me parla ensuite de la sortie que l'adjudant général Sandoz avoit juré ne pouvoir se faire qu'en ballon. Je souris de l'ineptie de mes collègues et pris congé d'eux pour me rendre à l'assemblée.* . . . .

Il faut donc te rappeller tes promesses ou tes bra-

rades. Tu écrivois à la Convention le 2 octobre du
quartier de la Pape : « *on assure que Précy à la*
tête de sa troupe de royalistes, d'émigrés et de
fanatiques, doit sortir de Lyon pour s'ouvrir un
passage en Suisse. Nous nous y opposerons avec
force, et ce ne sera pas sans efforts que ces co-
quins nous échapperont ».

Je te vois sourire de l'ineptie de tes collègues qui
se fient à ces paroles ; sans songer que le général
Sandoz, en rendant compte à l'Assemblée de l'avan-
tage qu'il avoit remporté au pont de Perrache, disoit
en même tems : *Si les Rebelles veulent sortir de*
leur ville, il faudra qu'ils en sortent en ballon....

Ces expressions qui t'ont fait tant rire de l'ineptie
de tes collègues au Comité, tu les as répétées encore dans la séance du 7 thermidor à la Convention,
où tu dis : » *les rebelles ont été hachés ; comment les*
fait-on ressusciter aujourd'hui ? Ils n'ont pu échap-
per, SI CE N'EST EN BALLON. (Mon. N°. 308.)

Et cependant, toi Dubois crancé, dans la lettre lue
à la Convention le 12 octobre ; tu nous parlois encore
des difficultés de la prise de Lyon, *et tu nous faisois*
entrevoir la possibilité qui reste aux Rebelles de
faire une trouée et de pénétrer jusqu'en Suisse.
—Le comité n'avoit pu accorder ces contradictions,
multipliées en si peu de tems et après des espérances
tant de fois données de ne pas laisser échapper un
seul Rebelle de la troupe de Précy ; la Convention
avoit eu le même sentiment lorsqu'elle donna au
comité *la faculté de prendre toutes les mesures*
nécessaires à ce sujet. Tu vois donc qu'en rappelant
tes lettres et tes contradictions, les rieurs ne sont
pas de ton côté, et tes collègues, en ne te croyant
plus, n'étoient pas aussi ineptes que tu le dis. Nous
ne savions pas d'ailleurs à cette époque ce que tu
as avoué le 28 Vendemiaire aux Jacobins, que c'é-
toit toi qui avois écrit ces deux lettres contradictoires (Mon. N°. 31 an 2).

Tu dis (page 12) qu'en faisant rapporter le décret de ton arrestation j'ai dit que la Convention ne devoit t'entendre qu'après le retour de Couthon ; « brigand, t'écries-tu , tu n'avois pas attendu mon retour pour me calomnier , pour me dénoncer, et pour ordonner mon arrestation ; qu'avois je alors à démêler avec Couthon ? »

A cette épithète de *brigand* dont tu me gratifies , ne croirois-tu pas être encore dans la forêt des Chouans en Bretagne ? Je ne sais ce qui peut exciter ainsi ta colère et tes injures , comme si ce n'étoit pas Clauzel qui a demandé qu'on attendît l'arrivée de Couthon et autres commissaires avant de t'entendre (Mon. 28 Vendemiaire an 2).

Comme si ce n'étoit pas toi-même qui t'étois calomnié pendant trois mois consécutifs , 1°. en annonçant sans cesse que tu entrerois tel jour à Lyon, tandis que tu restois à la porte, 2°. en disant qu'aucun royaliste n'en pourroit sortir , et qu'ensuite au moment décisif , deux mille complices de Précy ont passé sans résistance ?

Comme si ce n'étoient pas tes propres lettres et les députés, Bourdon , Albite et Osselin qui avoient dénoncé à la Convention , le 12 octobre, les lenteurs du siège et la fuite des Rebelles ?

Comme si la Convention n'avoit pas ordonné de son propre mouvement ton rappel le 12 octobre , et confirmé ton arrestation le 14, sur l'acclamation spontanée de plusieurs membres lors de la lecture de la lettre de Couthon , Laporte, Maignet et Châteauneuf-Randon , en date du 11 octobre.

Tu demandes ce que tu avois à démêler avec Couthon ? Pourquoi donc n'as-tu eu rien de plus pressé que d'entrer en lice avec lui aux Jacobins après le retour de Couthon ? (Mon. N°. 82, séance du 18 frimaire, an 2°.)

Pourquoi après avoir long-tems discuté dans la société populaire avez-vous terminé tous deux la séance en vous embrassant , en vous pardonnant mutuellement vos animosités ou vos erreurs. Tu n'avois donc rien à démêler avec moi , mais avec Couthon qui t'avoit dénoncé dans ses lettres à l'As-semblée et dans ses discours aux Jacobins.

Aujourd'hui que Couthon n'est plus , tu dis que tu avois des preuves en main et que tu pouvois l'ac-cabler , mais que retenu par un sentiment de pitié , tu te contentas de t'excuser et tu n'accusas point.

Mais en lisant la séance des Jacobins du 18 frimaire, on voit bien que ce n'est pas la pitié qui fut le sentiment qui te dirigea à cette époque ; et si tu as ménagé Couthon , ayant des preuves pour l'ac-cabler , si au lieu de l'accuser , tu t'es excusé , que faut-il que tes collègues pensent de toi? il faut dire que tu as été foible ou coupable.

Pourquoi, dis-tu encore (*page* 13) m'avez-vous fait interdire la parole, vous saviez que j'aurois dévoilé à la Convention une partie de vos turpitudes, et j'aurois épargné de grands maux à la République.

Tu as donc oublié le langage bien différent que tu tins alors. Tu as oublié que c'est Clauzel et non pas moi qui te fit interdire la parole, en demandant que tu ne fusses entendu qu'après l'arrivée des com-missaires, Couthon, Laporte et Chatauneuf-Randon. (Monit. N°. 30 , an 2.)

Tu as oublié que tu parlas en ces termes : » *Je ne viens point parler contre personne. Je prouverai que Gauthier et moi avons fait notre devoir. Puis-que la Convention ne veut pas entendre ma justi-fication, je la prie d'ordonner qu'elle sera imprimée.* « (Décrété.) Tu ne voulois donc pas parler contre nous de ton propre vœu? Et si tu avois à le faire, ne pouvois-tu pas imprimer , ne l'as-tu pas fait?

Tu aurois, dis-tu, dévoilé nos turpitudes, si tu avois parlé le 28 vendémiaire. Mais sois donc d'ac-cord avec toi-même, et avant de m'attaquer, sou-viens-toi de ce que tu as écrit dans *ta réponse à Couthon en* 56 *pages*.

Tu as dit à la page 39 : « Je ne savois à qui at-
» tribuer cette fatale prévention du Comité de Salut
» public sur mon compte ; car je connoissois la pu-
» reté d'intention de tous ses membres. »

Tu as dit à la même page : « Quand j'ai rencontré
» dans les rues à mon arrivée plusieurs Lyonnais
» très-suspects, *j'ai plaint le Comité*, qui, placé
» au milieu de tant d'intrigues, est surchargé d'oc-
» cupations trop sérieuses, *pour que sa bonne-foi*
» *ne soit pas la dupe* de plusieurs des parasites de
» révolution qui l'obsèdent ; mais toi Couthon qui
» as tout vu. . . . . . . »

Tu as dit à la page 43, après avoir rapporté le
poscriptum de la lettre de Couthon, Maignet, La-
Porte et Châteauneuf, d'après laquelle ton arrestation fut confirmée par la Convention : » Couthon,
» cette accusation étoit bien grave ; les conséquences
» que tu en tirois bien atroces ; ton but étoit évi-
» dent ; *le Comité de Salut public a été la dupe*,
» et moi la victime. »

Tu vantois alors la bonne-foi du Comité que tu
accuses aujourd'hui ; nous étions les dupes de la correspondance des Représentans, et tu veux aujour-
d'hui m'en faire la victime.

Tu as publié, deux-mois après ton retour, un
gros volume de plus de 800 pages, en réponse aux
inculpations de Maignet et de Couthon, et tu n'y as
pas prononcé seulement mon nom ; une seule de tes
plaintes ne s'est pas exalée sur moi. C'étoit-là le moment de la vérité. Mais tu es un brave, un loyal ennemi
qui m'attaque quand je suis accablé de calomnies,
et qui m'accuses quand ton ami Lecointre m'a ac-
cusé de nouveau.

Voilà tes accusations réfutées pour ce qui concerne ta mission de Lyon, si j'ajoute les paroles que
tu as prononcées à la séance du 7 thermidor, lorsque
que tu as parlé à la Convention de tes explications
données aux Jacobins sur l'affaire des Lyonnais.

Avois-tu alors ce ton accusateur et calomnieux ?
Te plaignois-tu de moi ? Voici tes paroles :

« Je n'accuse personne, je crois que tout le monde
» a fait son devoir ; car les rebelles ont été hachés.
» . . . . Robespierre a été trompé. Il m'a dé-
» noncé comme un traître qui avoit laissé échapper
» les rebelles à Lyon. Je n'accuse personne, mais
» puisque j'ai démontré que je n'ai pas démérité de
» la Patrie, rendez-moi la liberté de la pensée, l'es-
» time publique pour laquelle je combats depuis ce
» tems. Robespierre lui-même reconnoîtra son er-
» reur. Puisque personne n'élève la voix contre moi,
» je demande que L'ASSEMBLÉE DÉCLARE QUE C'EST
» UNE QUERELLE FINIE. »

Tu m'accuses d'être ton persécuteur ; tu veux
dire encore ton défenseur.

Quand le comité de sûreté générale de Moulins
envoya à la Convention, le 12 août, les pièces
trouvées sur un courrier de Lyon, pièces par les-
quelles les corps administratifs et les commissaires
des sections de cette commune envoyoient l'accep-
tation de l'acte constitutionnel, en t'accusant d'avoir
outrepassé tes pouvoirs, d'avoir fait couler le sang
pendant la trève, et d'avoir commandé une décharge
sur l'avant-garde Lyonnaise, avant l'expiration du
terme d'une heure, que tu avois assigné pour délibérer sur ta proclamation. Qui donc est venu te
défendre ? celui que tu appelles ton persécuteur.

Ouvre encore le Moniteur (no 226), dans cette
séance du 11 août, et tu verras que je m'élevai
fortement contre ces calomnies des rebelles ; que
je demandai un délai moral pour te défendre. « Il
s'est élevé, disois-je, une lutte entre la ville de Lyon
et les représentans du peuple : quand nous aurons
reçu des lettres de nos collègues, nous pourrons
apprécier les événemens des 8, 9 et 10 août. »

Tu m'accuses d'être ton persécuteur ? Mais aussitôt
que le Comité eut reçu tes lettres, le 18 août, j'al-

lai à la Convention et je demandai pour réfuter tes
calomniateurs, que tes dernières lettres expositives
de ta conduite, les 8, 9, et 10 août, fussent insérées
au bulletin et que des exemplaires de tes lettres
imprimées, fussent envoyés à tous les Départemens.

Tu m'accuses d'être ton persécuteur; mais lorsque
les administrateurs de l'Isère envoyèrent au Comité une copie de lettre attribuée à Danton, et
signée de ce nom, dont ils disoient que l'original
(qu'ils retenoient) avoit été trouvé dans un porte-
feuille perdu par toi, lors de ton départ de Grenoble ; lorsque les expressions de cette lettre
pouvoient prêter des armes à la calomnie, qui donc
est allé en détruire, en neutraliser l'effet à la Convention ? c'est encore ton persécuteur. Ouvre le
moniteur (N°. 231) et tu te reprocheras peut-être
tes accès d'ingratitude, ou tes mouvemens d'in-
justice.

Tu m'accuses d'être ton persécuteur; tu veux
dire sans doute, ton défenseur; tu veux dire que
ta modestie a été persécutée par mes éloges, entre autres dans la séance du 27 août 1793.

Qui donc t'accusoit à la Convention de ton silence sur les trahisons des généraux, et sur les
lenteurs du siège de Lyon ? Est-ce moi ; ouvre le
moniteur (N°. 241.) lis et sois juste au moins une fois.

» *Il est étonnant,* dit Amar, *qu'on n'ait pas poussé
le siège de Lyon avec plus de vigueur. Si Kellerman n'a pas pris Lyon c'est parce qu'il s'en-
tend avec les rebelles.*

« *Il est bien étonnant,* s'écrie Lacroix de l'Eure,
*que depuis le 19 que Lyon devroit être attaqué
nous n'ayons reçu aucune nouvelle officielle, tandis qu'il court des bulletins dans Paris. Il seroit
bien étonnant que Dubois-Crancé qui dirige l'attaque de Lyon, se tût sur les trahisons des généraux.
Je demande qu'avant la levée de la séance le
comité de salut public fasse son rapport.* «

Qui donc est venu te défendre à la tribune contre ces motions soupçonneuses? C'est encore ton persécuteur.

« Je vins à la tribune et je dis ces paroles. » *Je n'ai pas eu le tems de recueillir les lettres nombreuses sur Lyon, mais je peux satisfaire la Convention sur ce qu'il y a de principal.* LA CONDUITE DES COMMISSAIRES EST ÉNERGIQUE ET MÉRITE VOS ÉLOGES. »

J'ajoutai relativement à Kellerman, que le Comité n'avoit pas voulu destituer Kellerman, au moment où il étoit en marche contre les rebelles, et que le Comité AVOIT LAISSÉ À LA PRUDENCE DES COMMISSAIRES *de prendre à l'égard de Kellerman, les mesures qu'ils croiroient nécessaires.*

Si c'est-là persécuter Dubois-Crancé, que de faire l'éloge de sa conduite, et de rapporter à la Convention les témoignages de confiance dont il jouissoit alors au Comité, c'est lui Dubois-Crancé, qui se juge et qui se calomnie lui-même. . . . .

Tu dis enfin (*pages* 2 *et* 11,) pour donner un motif quelconque à tes déclamations calomnieuses contre moi, que je t'ai persécuté en haine des mesures que tu as prises pour sauver le Midi, et que tu ne pouvois être coupable que d'avoir déservi mes intentions secrètes, en contribuant à sauver le Midi, malgré le dénuement où l'on l'avoit laissé.

C'est-là l'endroit de ton mémoire, où tu as cru mettre le plus de malignité, et où tu as mis le moins de vraisemblance.

J'étois, comme député d'un Département méridional, plus intéressé que toi, à ce que mon pays natal ne fût pas déchiré par des opinions et des complots liberticides.

J'ai prouvé par les travaux du premier Comité de Salut-public, que j'ai aussi contribué à sauver le Midi, soit par l'envoi de l'artillerie et des munitions soit par les mesures sages que le Comité a proposées à la Convention.

Il est démontré que la mission conciliatrice de Lindet pouvoit plutôt rapprocher les esprits, que l'arrêté, appellé révolutionnaire, que Dubois-Crancé prit au mois de mai contre les Lyonnais.

Tu parles de mes intentions secretes; mais comment les connois-tu donc, si elles sont secrètes? Pourquoi à l'imitation des tyrans, fais-tu là guerre aux pensées, et aux pensées que tu ne connois point?

Tu parles du dénuement du Midi, mais n'avois-tu pas été commissaire déja une fois près l'armée des Alpes avant de l'être au Midi, en mai 1793? N'as-tu pas laissé dans l'inaction, pendant deux mois, les troupes et l'artillerie que tu as retirées en juin, des Alpes, et réunies à Grenoble? N'as-tu pas diminué les ressources du Midi et paralysé ses moyens en aigrissant les esprits à Lyon à ton passage, par le rassemblement des autorités constituées, et par ton arrêté des six millions de contribution, du désarmement des citoyens suspects, et de la levée de l'armée révolutionnaire de six mille hommes? est-ce la sauver le Midi? est-ce là diminuer le dénuement où l'avoient laissé des généraux négligens, des ministres pervers et un mauvais Comité de défense générale?

Tu insinues que j'ai voulu favoriser la perte ou la division du Midi de la République, mais ne disais-je pas en dénonçant à la Convention une lettre, interceptée dans la route de Toulon à Bordeaux? (6 août, Moniteur N°. 220.)

» Vous voyez que les conspirateurs du Midi, conservent encore toutes leurs espérances et qu'ils accumulent chaque jour de nouveaux attentats. »

Qui a donc fait le rapport sur les conspirations oui dies à Bordeaux contre la République, (Moniteur N°.) si ce n'est moi?

Qui a donc proposé des mesures pour punir les contre-révolutionnaires du Midi, et afin que Gasparin et Gauthier se joignissent aux Représentans près l'armée des Alpes contre eux, si ce n'est moi ? (moniteur N°. 224)

Qui fit donc le rapport pour dissoudre les forces départementales à Tulles, à Périgueux et dans le Midi, et pour en dénoncer les intentions perfides, si ce n'est moi, dans la séance du 12 août ? (mon. N°. 226.)

Qui donc dénonça dans un rapport à la Convention, les bataillons de Bordeaux qui, au lieu de combattre dans la Vendée, s'étoient retirés dans cette ville, en abandonnant leur poste, si ce n'est moi dans la séance du 12 août 1793 ? (mon. N°. 226.)

Qui donc fit le rapport des mouvemens contre-révolutionnaires faits à Mont-brisson pour secourir les rebelles de Lyon ; mouvemens, qui firent réfugier les habitans de ce District, dans le Département du Puy-de-Dôme ? Qui donc fit indemniser les habitans malheureux du District de Mont-Brisson, si ce n'est moi ? (séance du 21 août N°. 234.)

Qui donc à l'époque de la trahison infâme des Toulonnais, demanda que la Convention communiquât par une adresse, son indignation aux Départemens méridionaux : » non, disois-je, dans la séance du 6 7bre. 1793, (mon. N°. 252,) la convention nationale ne doit pas négliger de communiquer avec les Départemens méridionaux, dont il faut raviver l'esprit public ; je propose une adresse à envoyer aux Départemens du Midi pour les soulever contre les Anglais et les Espagnols et pour punir Toulon. » Cette adresse fut adoptée, et produisit son effet. J'ai donc aussi contribué pour ce qui me concerne à sauver le midi...

Je passe à ta mission dans la ci-devant Bretagne, et tu ne seras pas plus heureux dans tes accusations relativement à l'Ouest, que tu ne l'as été dans tes calomnies relativement au Midi.

Sur le second chef d'accusation.

L'opération de l'embrigadement fut d'abord ajournée par le Comité de Salut-public, comme étant impraticable ou dangereuse, au milieu des mouvemens d'une grande et vigoureuse campagne contre toutes les troupes étrangéres.

Tu insistas au Comité de la guerre ; tu fis un discours à l'assemblée, l'embrigadement fut décrété, alors de concert avec le Comité de Salut-public, qui travailla avec le Comité de la guerre à la nomination des députés commissaires à l'embrigadément dans chaque armée.

Tu desirois fort d'être du nombre de ces commissaires. Tu ne célois pas ce vif désir ; c'est assez naturel à un grand militaire. Le Comité de Salut public que tu ne cesses d'attaquer à tort et à travers, à-présent qu'il est dénoncé et calomnié, le Comité te plaça sur la liste des commissaires malgré les déclamations violentes et réitérées de Robespierre, qui disoit que c'étoit trahir la Patrie que de t'envoyer près d'une armée ; Carnot peut attester ces faits, ainsi que mes collègues qui insistèrent avec lui pour maintenir ce choix. la Convention décréta la nomination présentée par les deux Comités : tu fus attaché à l'armée de l'Ouest.

Tu partis. Qui t'a maintenu pendant 5 mois et demi malgré les attaques multipliées élevées contre toi, contre tes principes, tes opérations et ta conduite, par Couthon, S. Just et Robespierre, qui, fatigués de ne pas réussir au Comité, alloient t'attaquer aux Jacobins avec plus de succès, puis qu'ils y dénonçoient tantôt tes lettres à Dufourni tendantes à exclure les fonctionaires publics des sociétés populaires, tantôt en te faisant dénoncer par des canonniers de Lyon, sur l'émigration des royalistes de la troupe de Précy, et tantôt enfin en te faisant rayer de la liste des Jacobins ? qui t'a continué la confiance publique, qui t'a maintenu dans ta mission jusqu'à la fin de Messidor, si ce n'est le comité de Salut public chargé de la partie des représentans ?

cette explication préliminaire , qui prouve
t le comité et non pas moi que cet objet
parcourons tes plaintes , tu en rougiras tant
t injustes contre le comité , et tant elle me
angères.

ie tu dis (*page* 15) du bataillon de 1ᵗᵉ
on du Morbihan et de ton courrier au Co-
st une digression qui ne me concerne pas.
e suis jamais mêlé de la partie militaire.

irles (*page* 17 *et* 18) de tes dispositions
s dans la forêt de Rennes pour attaquer les
que tu fis mettre en déroute , et pour préser-
enal de Rennes ; et tu dis que j'ai observé que
outrepassé tes pouvoirs n'étant chargé que
brigadement. Eh ! plut au ciel que tu nous
délivré de tous les chouans , loin d'outre-
es pouvoirs je t'aurois remercié au nom de
d'une aussi belle action. Tu as beau recueillir
isonner des paroles dont le sens n'a été
compris , ni bien dirigé , tu ne me feras ja-
iser en france pour le chef des chouans , toute
ce militaire et toutes tes brillantes campa-
ipèreroient pas ce prodige. Ce que tu attri-
Esnue Lavallée n'est sans doute qu'une
c'est à Carnot qu'il parla au Comité.
cdote que tu raportes (*page* 19) relative-
ix brigans qui occupoient le bois de Seuve
iateau Duplessis , lorsque tu dis à des bretons
es *tous des chouans* , a été dénoncée au comité
ayant révolté par sa généralité beaucoup
iens , et pouvant produire un mauvais effet
cidevant Bretagne. Deux Députés , *Sévestre*
l , portèrent au Comité une dénonciation qui
iit été envoyée à ce sujet. Le Comité n'y don-
re suite que celle de prendre des informations
ffets de ces bruits ; mais il le devoit à la solli-
le deux Représentans du Peuple ; mais il n'y

a eû aucune autre suite donnée à cette affaire qui
concerne le Comité ?

Encore une fois-cela ne me regarde point personnellement. Où est donc ma persécution contre
Dubois-Crancé ?

Tu te plains de ce que le Comité t'a rappellé le
26 messidor, et de ce qu'ayant été dénoncé aux
Jacobins le 23 par Robespierre, le Comité te livroit
à tes assassins. (*page* 22) Au lieu que selon toi
il devoit t'éloigner de tes ennemis en te laissant
en mission.

Le Comité t'a rendu un plus grand service que
tu ne penses, en te rappellant à cette époque seulement ; car s'il t'avoit laissé encore en mission, tu
présentois à Robespierre et à Couthon tes éternels
et seuls dénonciateurs le moyen plus facile de te
calomnier à la Convention, soit à cause de tes opérations que personne n'auroit pu défendre aussi bien
que toi, soit à cause de ta longue mission qu'ils
seroient parvenus à ériger en motif de soupçon ou à
y chercher des moyens d'accusation.

Déjà même Robespierre étoit venu en prairial
demander ton arrestation sur les lettres venues de
la ci-devant Bretagne au Comité de Sureté générale
et lues au Comité de Salut Public, le même jour
que Robespierre demanda l'arrestation d'Alquier.

Les deux Comités annullèrent l'ordre inquisito-
rial de Robespierre, et les deux représentans furent
sauvés de ces attaques. Voyant que les Comités
avoient juré de ne plus laisser entamer la représen-
tation nationale, Robespierre eut recours à sa puissance dans la société populaire, il te dénonça,
il déclama contre toi, il te fit rayer des Jacobins
en messidor.

Couthon portoit tous les jours dans ses mains
l'acte d'accusation contre toi, mais il savoit nos
fermes intentions, et il attendoit un moment favorable à la Convention : qui t'auroit défendu, qui

t'auroit préservé de ces attaques sourdement médi-
tées et préparées par l'opinion d'une société populaire? Ne valoit-il pas mieux que tu fusses présent et
que ton absence ne fût pas un tort de plus ou une
arme de moins aux yeux de tes accusateurs? Le Comité t'a donc rendu un véritable service en te rappellant à cette époque.

Tu dis (page 22) que Robespierre étant absent
les autres membres du comité étoient donc d'ac-
cord pour te perdre. Dis plutôt pour te sauver.
Deux fois à la fin de Messidor et le 7 Thermidor
Couthon a voulu faire adopter au comité le projet
de décret d'accusation contre toi; deux fois il a été
repoussé. La dernière fois sur-tout, se voyant repoussé par nous avec une sorte d'indignation froide
et ferme, il alla jusqu'à demander acte au comité
du refus que nous faisions de délibérer sur ces dénonciations graves qu'il portoit contre Dubois-Crancé.
Nous lui opposâmes en *principe politique* l'intégrité
du corps législatif et le danger de seconder les
projets liberticides des aristocrates et des tyrans
coalisés; *en considération publique*, sa réconcilia-
tion avec toi aux Jacobins, et *en principe de justice*
le défaut de preuves légitimes. Couthon sortit fu-
rieux du comité, et nous menaça de dénoncer notre
silence ou notre refus au peuple et à la Convention.

Voyant ce moyen inutile, Robespierre et Couthon
prirent le parti insidieux de faire dénoncer Magenthies
a la Convention par une députation de la société populaire le 7 thermidor. Rappelle ce moment et ta
réponse; ce fût la veille du jour ou nous fûmes dénoncés nous même par le sélérat Robespierre, dans son
grand discours calomnieux.

Que répondis-tu à la dénonciation dirigée contre toi?
Je te l'ai déja dit; et ce n'est pas nous que tu essayois
d'attaquer à cette époque, parce que tu n'étois pas
encore assuré d'être accusateur injuste avec impu-
nité. Vois tes paroles à la pag. 21, te les rappeler c'est

t'apprendre à respecter l'innocence et le malheur opprimés.

Tu parles de ton étonnement (pag. 24) de ce que, le jour de la dénonciation de Lecointre, tu m'entendis t'appeler le général des chouans. Tu ne compris rien à cette énigme, jusqu'à ce que l'on t'a dit qu'on avoit trouvé, dans la poche d'un chouan tué, une lettre supposée écrite par Puysay, par laquelle il mandoit : Nous avons vu passer le général Santerre et Dubois-Crancé dans la forêt de Rennes ; nous aurions bien pu les tuer ; mais nous n'avons eu garde ; ils sont trop de nos amis. » Et puis tu dis que Santerre étoit en prison à cette époque, et tu fais une histoire ridicule et épisodique sur une vieille folle de Bourg en Bresse, qui réclamoit sa fille, femme-de-chambre de Puysay.

Il est inutile de donner tant d'appareil et d'entortillage à un fait simple : le voici.

Le jour de l'infâme dénonciation de Lecointre (dont les motifs et les vues sont bien connus aujourd'hui), je te vis, Dubois-Crancé, fortement agité en faveur du dénonciateur, et appuyant de tes gestes les moyens de la dénonciation. Je conviens que je ne te vis pas, sans une forte indignation, mêlant tes attaques à celles de Lecointre ; toi, que j'avois, sans cesse, défendu, avec mes collègues du comité, contre les dénonciations forcenées de Robespierre et de Couthon ; et me rappelant des pièces originales que j'avois lues au commencement de thermidor, dans la correspondance du comité, pièces où il étoit question de toi et des ménagemens que selon l'écrivain de ces notes l'état-major des chouans avoit eu pour toi. Je ne pus me défendre de ce mouvement, qui me porta à dire que tu étois attaché aux chouans.

Tu te trompes en disant que la source de ce propos que j'ai tenu est dans une lettre prétendue écrite

par Puisay : c'est dans le tableau des opérations
de l'armée catholique de l'Anjou et du Poitou,
écrites par M^r. de Cercleron attaché à l'état-major de cette armée. C'est lui qui dans cet ouvrage
original et envoyé par une administration de département au Comité de Salut-public, au mois fructidor,
parle de ton passage avec Santerre dans la forêt des
chouans. Cette pièce a été enrégistrée au Comité
dans le registre *G* ; et je ne le rappelle, que pour te
prouver que tu poses mal le fait dans ton dernier écrit.

Tu vois donc bien que le fait historique de ta
vieille folle de Bourg en Bresse n'a rien de commun
avec le fait des chouans, que je rapporte sans autre
motif que celui de prouver que tu me calomnies
d'un bout à l'autre de ta dénonciation.

Tu n'es plus à cette époque du printems dernier
où tu me traitais comme ton collègue, à la table de
L. Lecointre; où tu m'engageois à faire le rapport sur
l'état provisoire fixé par le décret du 28 vendémiaire,
où tu m'invitas ensuite, par une lettre amicale,
avant ton départ pour Rennes à dîner chez toi. Je
n'étois pas alors, ton persécuteur atroce depuis 15
mois; je n'étois pas cet assassin acharné à ta perte,
selon toi; la justice et la vérité n'avoient pas encore
perdu tous leurs droits dans ton ame pour ce qui me
concernoit, et la puissance gouvernante n'avoit pas
encore altéré tes principes, ni empoisonné ta plume.

Si l'histoire d'un seul individu, t'écries-tu (page
dernière), présente le tableau de tant de perfidies
accumulées sur sa tête pendant 15 mois, que de
victimes semblent soulever la terre qui les couvre, et
demander vengeance contre leurs assassins ! Je dirai
à mon tour : si un seul libelle d'un de mes accusateurs, de Dubois-Crancé, présente tant de fiel, tant
de méchanceté et de calomnies atroces, que d'hor-
reurs doivent résulter des complots de tous mes ennemis coalisés, et demander vengeance contre eux
à la République entière !

Tu répètes, avec Fréron, que « hommes libres ou esclaves, tout ce qui a péri depuis un an, est l'ouvrage de leur fureur ou de leur sottise; c'est par le feu et la famine qu'ils nous conduisoient au despotisme le plus atroce.»

Dubois-Crancé, prends garde; tu prends aujourd'hui le langage des députés que tu nous as dénoncés, avec violence, par ta lettre imprimée à Grenoble, sous la date du 26 juin, et envoyée à la Convention (1). Alors, tu nous dénonçois la lettre d'un député qui disoit *que nous venions d'établir un système d'oppression*; qui disoit *que les inquisiteurs avoient établi un rayon d'émissaires à une certaine distance de Paris, pour fouiller les courriers et les voyageurs;* (pag. 4).

Alors, tu nous dénonçois celui qui écrivoit aux départemens : *On m'assure qu'hier on a agité au comité de salut public, s'il ne seroit pas nécessaire de faire tomber* 100 *mille têtes;* (pag. 5).

Alors, tu nous dénonçois la lettre datée de Lyon, le 25 juin 1793, dans laquelle on t'appeloit *la bête du Gévaudan*, et où l'on disoit qu'il falloit te faire la guerre comme à cet animal; (pag. 7).

Alors tu nous disois : « Fortifiez, ordonnez, même
» les soeiétés populaires, c'est le plus sûr rempart
» que vous avez à opposer à l'intrigue qui se déve-
» loppe ». Tu nous disois : « Nous avons appris que,
» fidèles au système de destruction des sociétés po-
» pulaires, seule barrière à opposer à tant de perfi-
» dies, on se proposoit d'anéantir, par la force, celle
» de Grenoble, de faire arrêter, comme maratistes,

(1) Cette pièce est intitulée: Les Représentans du Peuple envoyés près l'armée des Alpes, dénonçant le fédéralisme des Administrations de Département, et arrêté desdits Représentans contre plusieurs Administrateurs du Département de l'Isère. Grenoble 26 juin 1793 l'an 2 de la République. — En 10 pages, de l'imprimerie de J. Lallier

» tous les bons citoyens, d'ouvrir les prisons à deux
» cens aristocrates , qu'Amar et Merlinot avoient
» fait détenir à Sainte-Marie d'en haut, et de trans-
» férer Dubois-Crancé et Gauthier à Lyon à Pierre-
» Scise , c'est-à-dire , entre les mains d'un peuple
» cruellement égaré sur nos intentions ; (p. 4). »

Alors, tu nous conseillois en ces termes : « Peut-
» être même devriez-vous casser toutes les adminis-
« trations de département; ces corps peuvent singer
» les parlemens; ils ont toujours été les ennemis de
» l'égalité ; tôt ou tard ils perdront la république ; »
(pag. 7.)

Alors, tu nous dénonçois la lettre interceptée à Grenoble, et écrite le 25 juin, par ce lyonnais qui disoit :
« Nous savons combien le scélérat (Dubois-Crancé)
» que Grenoble renferme , avec l'or de la nation ,
» est venu à bout de corrompre l'esprit de l'armée ,
» même de la garde intérieure. Voilà donc les auto-
» rités sans pouvoir , et les honnêtes gens qui ont
» quelque chose sont sous le couteau des brigands
» soudoyés, trompés, et qui n'ont rien. »

Tu essuyois donc alors les injures grossières que
tu me prodigues aujourd'hui ; tu étois traité par les
honnêtes gens de Lyon de scélérat , de corrupteur
et de brigand , comme tu me traites aujourd'hui.

On parloit, dans les lettres des lyonnais, de te faire
la guerre comme on l'avoit faite, en Languedoc, à la
bête du Gévaudan , et tu provoques la même guerre,
et dans les mêmes termes , contre moi aujourd'hui !

Cependant, les principes d'égalité n'ont pas changé.
La démocratie n'est pas détruite , et la révolution
de la liberté n'est pas anéantie. Toi seul as changé ;
ou peut-être tu es encore ce que tu fus toujours aux
yeux des patriotes clairvoyans.

Mais le moment approche où la raison , le patrio-
tisme , la justice et la vérité vont arracher des mains
de l'aristocratie , de l'hypocrisie et de la calomnie ,
une plume et une influence qu'elles n'ont usurpée

que trop long-tems. Depuis plusieurs mois, les citoyens n'ont été nourris que de mensonges et de
fiel ; depuis plusieurs mois vous les faites gémir par
les abus infâmes de la liberté de la presse. Vous serez ju-
gés, vous aussi orateurs sanguinaires, écrivains impos-
teurs, parce que le peuple s'occupe peu de vos passions
personnelles, et ne pense qu'à conserver sa conquête
de la liberté et de l'égalité.

B. BARÈRE,
Représentant du Peuple.

Paris 14 Ventôse an 3e. de la République une et indivisible.

CPSIA information can be obtained
at www.ICGtesting.com
Printed in the USA
BVHW072316051218
534639BV00052B/960/P